DISCOURS

POUR LE MARIAGE

DE

M. LE COMTE MAXIME DE SAINT-POL

Sous-lieutenant au 18ᵉ dragons

AVEC

Mlle ALICE DE SAINTE-SUZANNE

Célébré à l'Église de Saint-Thomas-d'Aquin de Paris, le 11 juillet 1885

PRONONCÉ PAR

M. L'ABBÉ DE SAINT-POL

Vicaire de Saint-Julien de Caen,

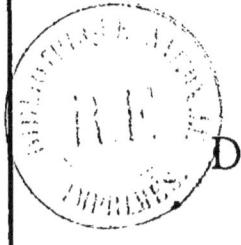

DISCOURS

POUR LE MARIAGE

DE

M. LE COMTE MAXIME DE SAINT-POL

Sous-lieutenant au 18e dragons

AVEC

Mlle ALICE DE SAINTE-SUZANNE

Célébré à l'Église de Saint-Thomas-d'Aquin de Paris, le 11 juillet 1885

PRONONCÉ PAR

M. L'ABBÉ DE SAINT-POL

Vicaire de Saint-Julien de Caen.

ORLÉANS, IMP. G. JACOB, CLOITRE SAINT-ÉTIENNE, 4.

Mon Frère, Mademoiselle,

Dans une de ses lettres empreintes d'un charme si particulier, Frédéric Ozanam écrivait : « Les joies de la famille sont comme la plus douce révélation et comme le sourire de la bonté divine. » Je ne veux d'autre preuve de cette vérité que la touchante cérémonie qui nous réunit en ce moment au pied des saints autels pour présenter à Dieu les vœux que nous formons pour vous, et lui demander de répandre sur votre union ses plus précieuses faveurs. Comme prêtre, je remercie le Ciel de m'avoir ménagé pour la quatrième fois la consolation d'exercer, auprès d'un frère tendrement aimé, mon saint ministère. Ce sera un de mes plus doux souvenirs d'avoir été auprès de vous, à cette heure solennelle, le dispensateur des grâces de Dieu, et de vous avoir fait entendre le langage de la Religion et de l'amitié. Oui, je puis redire avec le poète (1) :

Et hæc olim meminisse juvabit.

Un jour, ces souvenirs auront pour moi des charmes. Je serai l'interprète du vénéré pasteur de cette paroisse, de sorte que vous recevrez également ses enseignements et ses bénédictions.

Voyons quelle est l'origine de la famille et les conditions qui peuvent assurer son bonheur. Il s'est rencontré, dans notre siècle, des hommes assez aveugles pour méconnaître le souverain domaine de Dieu sur la famille et prétendre que la fondation du foyer domestique n'est qu'une œuvre purement humaine. Arrière cette erreur et ce blasphème ! La Religion nous enseigne que la famille a Dieu pour auteur et qu'elle ne peut subsister sans Lui. Lorsqu'Il eut créé l'homme à son image et à sa ressemblance (2), Il le plaça

(1) Virgile.
(2) *Gen.*, II, 18.

dans le paradis terrestre. Prenant alors conseil de son Verbe et de son Esprit, Il prononça cette parole : « Il n'est pas bon que l'homme soit seul. » Envoyant à Adam un sommeil mystérieux, que les Pères de l'Église appellent un ravissement, une extase, détachant une partie de ce rempart qui forme sa poitrine, Il en fit la première femme. Adam, à son réveil, salue avec joie la compagne que Dieu lui donne, et s'écrie : « Voici l'os de mes os et la chair de ma chair (1). » Tous les deux, se tenant par la main, s'agenouillent sous le regard de Dieu qui les bénit, *benedixit illis*. Depuis six mille ans, cette bénédiction repose sur l'humanité tout entière et est devenue un principe de vie.

L'inviolabilité et la gloire de la famille disparurent, hélas! bientôt avec le bonheur et l'innocence des premiers jours. Les passions de l'homme abaissèrent cette sublime institution du Créateur et lui imprimèrent je ne sais quelle flétrissure. C'est alors que Notre-Seigneur Jésus-Christ, dans son infinie miséricorde, eut

(1) *Gen.*, II, 23.

pitié de la famille; comme le charitable Samaritain, s'inclinant sur elle, versant l'huile et le baume sur ses blessures qu'Il guérit, corrigeant les égarements du cœur de l'homme, Il élève le mariage à la dignité de sacrement et lui imprime un nouveau et plus auguste caractère. Sa bouche adorable fait entendre cet oracle (1) : « L'homme quittera son père et sa mère, Il demeurera attaché à son épouse, ils seront deux dans une même chair. » Notre-Seigneur consacre à jamais l'unité et l'indissolubilité du mariage en ratifiant cette parole de nos premiers parents, que l'impiété de tous les siècles, les efforts de l'enfer et ses lois sacrilèges, ne parviendront jamais à effacer du code catholique (2) : « Que l'homme ne sépare pas ce que Dieu a uni : *Quod Deus conjunxit homo non separet.* » Oui, le mariage est l'œuvre de Dieu, c'est Lui qui est le premier roi de la famille et qui en a déterminé les propriétés essentielles et les fins principales; Lui seul, avec le secours de sa grâce, peut en

(1) *Gen.*, II, 24.
(2) Matth., XIX, 6.

assurer le bonheur. Il n'y a d'union véritablement heureuse que celle qu'Il daigne bénir, et, sans Lui, tous les dons de la nature, de la noblesse, de la naissance, de la fortune n'offrent aucun garant d'une félicité durable.

Époux chrétiens, élevés l'un et l'autre dans ces maximes de notre sainte religion, vous en avez compris les graves enseignements. Aussi venez-vous demander à Dieu et à l'Église le sacrement du mariage, que l'apôtre saint Paul appelle un grand sacrement (1). Ranimez donc toute votre foi, et appréciez son excellence. Il va vous communiquer tous les secours de la rédemption apportés par Notre-Seigneur pour la régénération de l'humanité. Il va vous conférer des grâces d'état qui vous soutiendront tous les jours de votre pèlerinage sur cette terre : grâces d'intelligence pour vous faire pénétrer dans ce que Bossuet (2) appelle admirablement « l'incompréhensible sérieux de la vie chrétienne ; »

---

(1) Éph., v, 32.
(2) Lettre à Mme de La Guillaumerie, religieuse à l'abbaye de Jouarre, 21 septembre 1694.

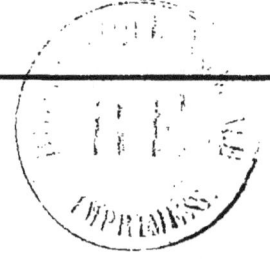

grâces de fidélité pour vous défendre contre l'inconstance si naturelle du cœur de l'homme ; grâces de force pour accomplir généreusement vos devoirs et endurer les épreuves que vous rencontrerez sur votre chemin : les saisons les plus belles ne sont jamais sans nuages, les unions les mieux assorties sans douleurs ; grâces de charité pour vous inspirer le support mutuel et vous rendre capables de vous aimer jusqu'au dévouement et jusqu'au sacrifice ; enfin, grâces de paix et de concorde afin que rien ne puisse altérer l'harmonie et le bonheur qui doivent régner au sanctuaire de la famille. Le sacrement de mariage, que saint Augustin appelle le sacrement de l'unité, va souder en quelque sorte vos cœurs avec le sang de Jésus-Christ. Ranimez donc votre foi et votre piété, et la famille que vous allez fonder sera vraiment bénie du Ciel.

Pour assurer le bonheur de la famille, il doit y avoir communauté de foi et de prières, union de cœur et d'affection.

Époux chrétiens, vous viendrez donc ensemble adorer Dieu dans son temple, écouter sa parole, recevoir ses sacrements. « Oh! c'est une belle alliance, dit Tertullien, que celle de deux cœurs unis dans une même vie au service du même Dieu. » Vous vous souviendrez que l'homme s'honore en se prosternant devant « Celui qui règne dans les Cieux, à qui seul appartient la gloire, la majesté, l'indépendance (1). » Vous montrerez victorieusement que la foi ne rétrécit pas l'esprit et le caractère, qu'elle n'est ni un servilisme de métier ni une faiblesse de cœur, comme le prétend avec insolence l'impiété moderne, mais que, tout au contraire, elle s'allie avec les plus hautes et les plus viriles facultés de notre nature, qu'elle assure la dignité et le progrès de notre vie et qu'elle est vraiment, suivant la parole de saint Léon, la vigueur des grandes âmes : *Fides est magnarum vigor mentium*. Vous aurez donc à cœur, mon frère, de perpétuer les traditions d'honneur et de piété de la famille, les exemples de notre vertueux père, qui, du haut du Ciel, vous bénit en ce jour, les

(1) Bossuet, *Oraison funèbre de Henriette Marie de France, reine d'Angleterre*.

exemples de notre mère, qui, elle aussi, trouva auprès du baron Augustin Cauchy le plus touchant modèle d'une angélique piété, unie aux splendeurs du génie.

Puisque vous avez embrassé la noble carrière des armes, inspirez-vous de la foi et du patriotisme du général de Saint-Pol. Il écrivait, sous les murs de Sébastopol, au Père de Damas : « J'ai sollicité mon envoi en Crimée ; je demande à Dieu d'y servir aussi longtemps que mon épée sera utile à la France, ensuite je serai heureux de mourir sur le champ des braves, avant que ma vie soit devenue inutile. » Quelques jours après, il tombait victime de son courage, et sa dernière parole fut : « Vive la France! » Inspirez-vous également des exemples du général de Sainte-Suzanne, page de Marie-Antoinette, qui, en récompense de sa bravoure et de sa fidélité, fut créé pair de France sous la Restauration. Inspirez-vous de cette vieille devise qui enflammait l'ardeur de nos pères et les guidait à la victoire : « Dieu et Patrie. »

Sachez noblement unir la croix et l'épée, vous

souvenant qu'un bon chrétion fut toujours bon soldat.

Quant à vous, Mademoiselle, qui, dès l'âge le plus tendre, pour ainsi dire à l'ombre de la montagne de la Salette, comme au sanctuaire de la famille, avez toujours respiré cet air tout imprégné du parfum des anciens jours, vous vous efforcerez de vérifier la parole de la sainte Écriture (1) : « La femme pieuse est au foyer domestique ce que le soleil est au firmament, elle est la joie de son époux, elle lui fera passer heureusement les années de sa vie. » De même que la colombe de l'arche portait avec elle un rameau d'olivier, signe de paix et d'espérance, de même, Mademoiselle, en entrant dans notre famille, vous y apportez la joie et le bonheur, et vous y trouverez des frères et des sœurs qui rivaliseront de tendresse et d'affection pour vous. Le rameau d'olivier, je l'aperçois entre les mains d'un illustre archevêque de Paris que l'Église vénère comme un de ses plus glorieux martyrs, et la France comme un de ses plus

---

(1) Eccli, xxvi, 1.

nobles défenseurs. J'ai nommé Mgr Affre tombant sur les barricades, victime de son dévouement, proférant ces sublimes paroles : « Puisse mon sang être le dernier versé ! Le bon pasteur donne sa vie pour ses brebis. » Vous devez à la mémoire de cet illustre parent, Mademoiselle, de vous inspirer de sa charité et de son amour pour les pauvres. S'il vous faut encore un modèle, j'évoquerai le souvenir d'un grand évêque, de Mgr Denis Frayssinous, une des gloires du clergé de France et de l'Académie. Au lendemain de la révolution, par son éloquente parole et dans ses immortelles conférences, il sut victorieusement venger la religion et lui rendre la place d'honneur que l'impiété avait voulu lui ravir. Vous devez encore à la mémoire de cet autre parent de vous inspirer de sa profonde piété.

A la communauté de foi et de prière, époux chrétiens, vous devez ajouter l'union de cœur et d'affection, et vous aimer d'un amour surnaturel, fondé sur la volonté de Dieu et le sentiment du devoir. « La douceur, dit saint François de

Sales, est la fleur de la charité. » Vous cultiverez donc l'un et l'autre cette belle et aimable vertu qui donnera à votre union comme un avant-goût de la paix même du Ciel. Votre affection ne devra jamais connaître de terme, et le temps, qui détruit tout, ne devra, au contraire, que resserrer vos liens. Aussi, désormais, vous porterez le même nom, vous mettrez en commun vos joies, vos peines, vos intérêts ; vous partagerez le même pain, vous habiterez le même toit, vous dormirez un jour dans le même tombeau, et la mort elle-même donnera à votre charité sa stabilité suprême en ce rendez-vous du Ciel où l'on aime toujours, où l'on ne se sépare jamais !

L'heure solennelle est venue. L'Église va recevoir vos engagements ; vos parents vont les écouter avec une émotion qui va faire battre leur cœur et pleurer leurs yeux. Daignent Notre-Seigneur et sa sainte Mère répandre sur vous leurs plus précieuses bénédictions, vous accorder de parcourir ensemble une longue et heureuse carrière, et exaucer tous les vœux que forment pour votre bonheur vos prêtres, vos témoins, et toute cette couronne de parents et d'amis dont je suis l'interprète et qui tous vont adresser à Dieu, pour vous, leurs plus ferventes prières pendant l'oblation du très saint Sacrifice.

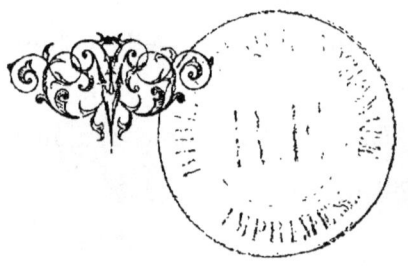

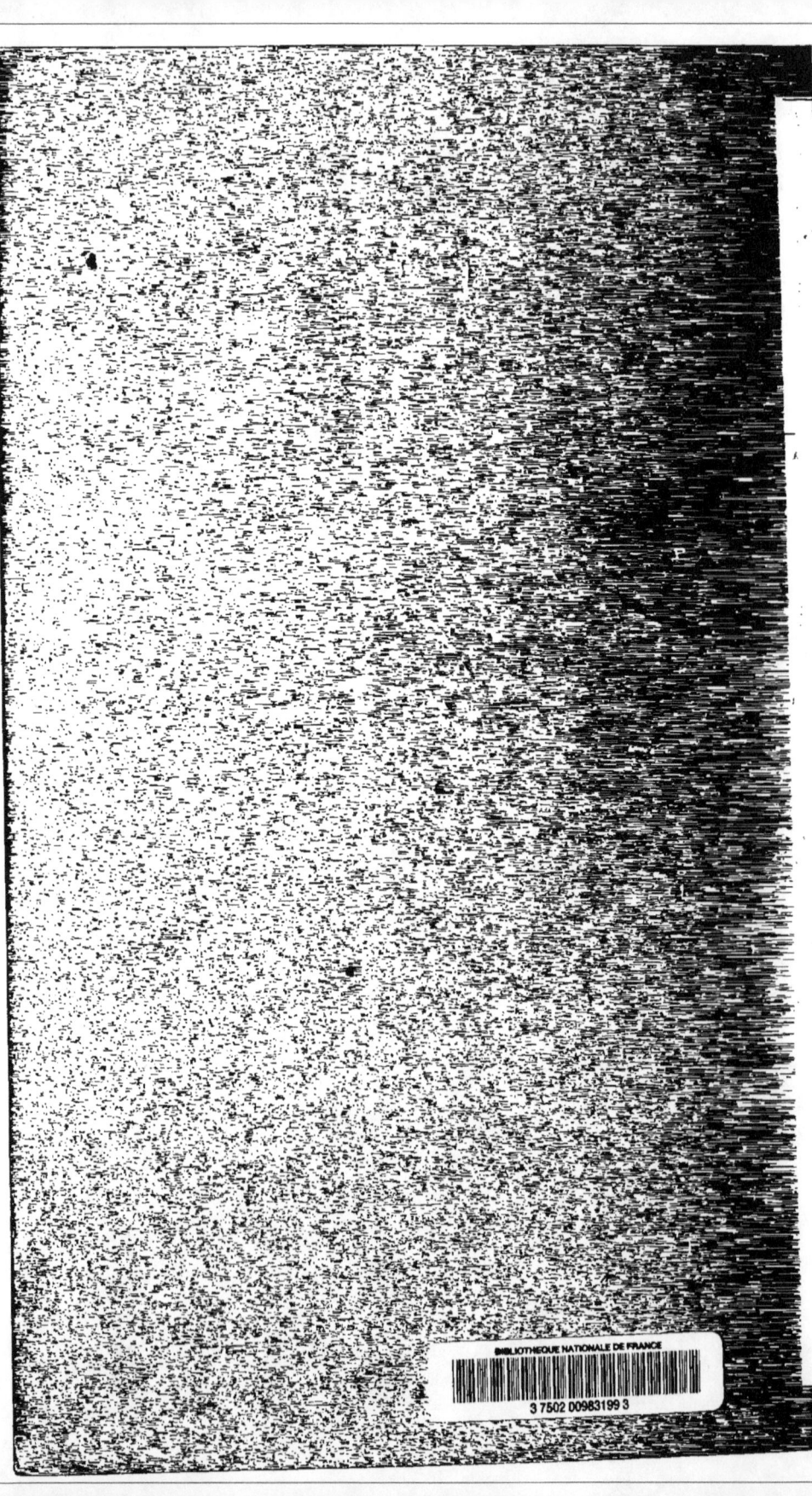

www.ingramcontent.com/pod-product-compliance
Lightning Source LLC
Chambersburg PA
CBHW060624050426
42451CB00012B/2415